AF324428

ALLOCUTION

PRONONCÉE

AU MARIAGE

DE M. Anatole DEPOIX,
ET DE Mlle Eugénie ÉTIENNE,

EN L'ÉGLISE DE VITRY-LE-FRANÇOIS, LE 24 AVRIL 1888.

CHALONS-SUR-MARNE
IMPRIMERIE MARTIN FRÈRES, PLACE DE LA RÉPUBLIQUE, 50.

1889.

ALLOCUTION

PRONONCÉE

AU MARIAGE

DE M. ANATOLE DEPOIX, ET DE Mlle EUGÉNIE ÉTIENNE,

En l'Église de Vitry-le-François, le 24 Avril 1888.

ALLOCUTION

PRONONCÉE

AU MARIAGE

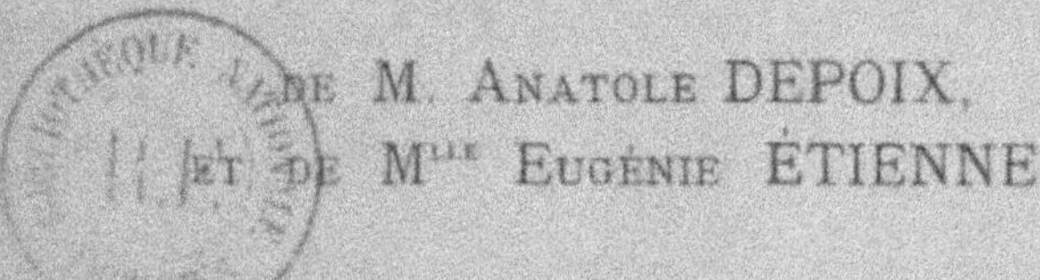

DE M. Anatole DEPOIX,
ET DE Mlle Eugénie ÉTIENNE,

EN L'ÉGLISE DE VITRY-LE-FRANÇOIS, LE 24 AVRIL 1888.

CHALONS-SUR-MARNE
IMPRIMERIE MARTIN FRÈRES, PLACE DE LA RÉPUBLIQUE, 31.

1889.

ALLOCUTION

AU MARIAGE

DE M. ANATOLE DEPOIX,
ET DE Mlle EUGÉNIE ÉTIENNE,

En l'Église de Vitry-le-François, le 24 Avril 1888.

MONSIEUR, MADEMOISELLE,

Je dois à une bienveillance qui m'est précieuse une des grandes joies du ministère pastoral : la joie de bénir et de consacrer une de ces alliances, malheureusement trop rares de nos jours, où les sentiments religieux des deux époux permettent au prêtre d'espérer que les grâces qu'il va solliciter seront largement accordées par Dieu.

Aussi c'est avec un profond sentiment de

confiance que je viens aujourd'hui unir mes prières aux prières de vos familles, heureuses de cette union qui comble leurs vœux ; aux prières de vos amis qui vous font un si magnifique cortège d'honneur. Tous ensemble nous demanderons à Dieu de vouloir bien ratifier les engagements sacrés que vous allez prendre. Ensemble nous lui demanderons les grâces qui vous permettront d'accomplir chrétiennement tous les devoirs de la vie nouvelle dans laquelle vous entrez ; ensemble enfin nous le prierons de vous faire trouver dans l'accomplissement de vos obligations d'époux chrétiens le bonheur qu'il accorde à ceux qui l'aiment.

Il me semble que j'ai à peine besoin de vous rappeler la grandeur du Sacrement que vous allez recevoir et la gravité des devoirs qu'il va vous imposer. Chrétiens, vous les avez chrétiennement considérés, ces devoirs, et c'est en chrétiens que vous les acceptez, que vous vous proposez de les remplir. C'est là précisément ce qui m'inspire le sentiment de confiance dont j'ai parlé. Ils sont nombreux hélas ! ceux qui entrent dans le mariage sans en avoir mûrement pesé les charges, sans en avoir sérieusement prévu les difficultés !

Aussi quand viennent les épreuves et les douleurs de la vie, les défauts soigneusement cachés se révèlent, les caractères s'aigrissent et la vie qui semblait faite d'azur, illuminée par les rayons d'or d'un soleil sans nuages, devient bientôt sombre, triste, intolérable. Combien dans le monde de ces forçats de la vie à deux ! Leur cœur est broyé, et ils ont sur les lèvres un sourire de commande. Le bonheur n'est pas là, parce que Dieu n'a pas béni une alliance formée sans Lui et d'où jamais une pensée chrétienne n'a fait éclore une prière.

Car, vous le savez parfaitement, le bonheur c'est Dieu qui le donne, et il ne dépend presque pas de nous. Non pas que je veuille amoindrir la volonté humaine. Dans la sphère très vaste qui lui est réservée il n'est presque rien qui ne lui soit impossible et, dans la science, dans les arts, dans l'industrie, la volonté humaine enfante des merveilles. Mais lorsqu'il s'agit du bonheur nous sommes forcés de constater son impuissance radicale. Il y a en nous, autour de nous, une foule de choses plus fortes que nous, qui viennent, malgré nous, renverser nos combinaisons les mieux échafaudées et détruire l'édifice que nous avions pris tant de soin à élever. Vous avez compris cette vérité et vous avez abrité dans le cœur de Jésus vos espérances. C'est à Lui que vous demandez ce bonheur que Lui seul peut donner.

Et moi, considérant les éléments humains qui se mêlent aux éléments divins pour vous promettre le bonheur, je regarde l'avenir et j'espère.

Je regarde et j'espère pour vous, Monsieur, que vous trouverez le bonheur dans l'union que vous allez contracter. Celle qui va devenir la compagne de votre vie possède les vertus qui en sont un sûr garant : cette modestie charmante, cette grâce aimable que vous avez appris à connaître et à estimer, une ferme douceur relevée par les agréments d'une éducation parfaite, fortifiée par un sérieux esprit de religion. Elles les a puisées, ces vertus, au foyer domestique, dans un intérieur honnête et grave dont vous retrouverez bientôt l'image au sein de votre propre maison. Et après les fatigues de vos journées laborieuses, ce vous sera une joie de trouver ces attentions, ces prévenances, ces délicatesses qui font oublier les ennuis des affaires.

Je regarde et j'espère pour vous, Mademoiselle, le bonheur dans les qualités de l'esprit et du cœur de l'époux de votre choix. Elevé par des maîtres qui sont les premiers

éducateurs de la jeunesse, formé au travail
par l'exemple d'un père qui lui a laissé les
plus belles traditions de droiture et d'honneur, rompu au maniement des affaires les
plus épineuses, il saura maintenir le renom
d'une maison élevée au plus haut degré de
prospérité par l'intelligence et l'activité de
celui qui l'a précédé. Et cet amour du travail, cette maturité, cette intelligence des
affaires, affinée par une véritable culture
littéraire et par le sens chrétien, seront pour
vous, tout à la fois, un repos et une jouis-
sance.

Et si ma pensée s'arrête sur vos deux
familles qui vont désormais unir leurs ten-
dresses pour mieux assurer votre félicité,
n'ai-je pas raison de dire que vous réunissez
tous les éléments humains et divins du véritable bonheur?

Remerciez donc le Seigneur qui vous
donne au début de votre carrière, non pas

seulement des espérances mais des assu-
rances d'une vie heureuse et prospère. Re-
merciez-le et prenez aujourd'hui la résolution
de mériter ces bienfaits par l'accomplissement exact et généreux de tous les devoirs de
la vie chrétienne. En montant au saint autel,
après avoir reçu vos serments, je vais de-
mander au Divin Maître qu'il lui plaise
d'écarter de votre vie ces vicissitudes qui
font trop souvent tomber les larmes dans la
coupe de notre bonheur. Je vais le prier qu'il
vous donne de continuer longtemps, la main
dans la main et le cœur près du cœur, ce
voyage de la vie si heureusement commencé.
Parents et amis nous vous suivrons du re-
gard et nous vous accompagnerons de nos
vœux. Dieu veuille bien continuer un jour
votre bonheur de la terre par le bonheur
plus complet de son éternité.

Ainsi soit-il.

Châlons, imp. Martin frères.

www.ingramcontent.com/pod-product-compliance
Lightning Source LLC
LaVergne TN
LVHW010301060726
842527LV00007B/2810